Inhalt

Gewinnen Wetterderivate nach dem Jahrhundertsommer an Bedeutung?

Kernthesen

Beitrag

Fallbeispiele

Weiterführende Literatur

Impressum

Gewinnen Wetterderivate nach dem Jahrhundertsommer an Bedeutung?

G.Dengl

Kernthesen

- Über Wetterderivate können sich Betriebe gegen die Unwägbarkeiten des Wetters finanziell absichern.
- Die Diskussion um Wetterderivate gewinnt nach dem vergangenen Jahrhundertsommer eine neue Dynamik: Ernteausfälle, die wiederholt über EU-Ausgleichszahlungen kompensiert werden müssen, hätten über

Wetterderivate direkt von den Landwirten abgesichert werden können.
- Obwohl sich der Markt für Wetterderivate in Deutschland beständig entwickelt, gibt es nach wie vor Wachstumshemmnisse. Dazu zählen einerseits die mangelnde Standardisierbarkeit, und andererseits die noch zu geringe Nachfrage von Investoren, die die Risiken letztlich tragen wollen.

Beitrag

Der vergangene Jahrhundertsommer wird vor allem Getränkehändlern, Eisverkäufern und Biergärten in schöner Erinnerung bleiben. Ihre Umsätze stiegen gemeinsam mit den Temperaturen. Branchenkenner schätzen, dass durch die teilweise zweistelligen Ergebnisverbesserungen sogar die Einbußen auf Grund der Einführung des Dosenpfands kompensiert wurden. (11)
Ganz anderes stellt sich die Situation für den ohnehin angeschlagenen Einzelhandel dar, oder für Rundfunkanstalten. Wer das schöne Wetter genießt, hat weder Zeit ein T-Shirt zu kaufen, noch vor dem Fernseher zu sitzen.
So unterschiedlich die Auswirkungen des Wetter auf verschiedene Branchen sind, so verständlich ist auch der gemeinsame Wunsch sich gegen die Kapriolen

der Natur vor finanziellen Einbußen abzusichern. Hierzu kommen beispielsweise Wetterderivate in Frage. Um die Wetten auf das Wetter war es eine Zeit lang stiller geworden, aber durch die extremen Temperaturen des vergangenen Sommers wird die Diskussion nun in der Öffentlichkeit wieder angeheizt.

Entwicklung und gegenwärtig Bedeutung der Wetterderivate

Die Geschichte der relativ jungen Finanzprodukte nahm ihren Anfang in den USA. Große Versorger (Strom, Gas, Öl) hatten bereits 1997 festgestellt, dass ihr Absatz vor allem in den Wintermonaten relativ stark vom Wetter abhing - je kälter, desto mehr heizten die Haushalte, und umgekehrt. Um sich gegen eventuelle Wetter- und damit Absatzschwankungen abzusichern entwickelten sie daher die ersten Wetter-Terminkontrakte. Zunächst wurden sie lediglich im Over-the-counter-Handel (OTC), d.h. zwischen Käufer und Verkäufer, individuell vereinbart, aber auf Grund der großen Nachfrage fand bereits ein Jahr später, im Herbst 1998, der erste börsliche Handel an der Chicago Mercantile Exchange (CME) statt. (13)
Seither werden immer mehr Wetterderivate verkauft.

Laut Daten die am 17. September auf dem diesjährigen European Meeting der Weather Risk Management Association (WMRA; www.wmra.org) in Stockholm bekannt gegeben wurde, verdreifachte sich die Anzahl der verkauften Kontrakte im vergangenen Jahr. Experten schätzen des jährliche weltweite Volumen des Marktes auf etwa 12.000 Kontrakte bzw. 4 Mrd. Dollar. (5) , (2)
Europa und Asien zählen dabei zu den größten Wachstumsmärkten; das mit Abstand größte Volumen von 70% entfällt nach wie vor auf die USA, wo sich dieser Markt bereits etabliert hat. (12)

Beispiele für die Wirkungsweise von Wetterderivaten

1) Ein Biergartenbetreiber will sich gegen zu kühles Wetter in der Hochsaison absichern. Er kann beispielsweise für die 10 wichtigsten Tage zwischen Ende Juli und Anfang August ein Derivat erwerben, dass zahlt, wenn die Temperatur des jeweiligen Tages unter ein bestimmtes Mindestmaß fällt. Ein Vorteil: Gezahlt wird in jedem Fall, wenn das Kriterium "zu geringe Temperatur", erfüllt ist - und zwar unabhängig von einer etwaigen Umsatzeinbuße. (12)
2) Andere Branchen hingegen, haben unter einem überraschen heißen Sommer zu leiden. Dazu gehören

beispielsweise Stromproduzenten. Der überraschend ansteigende Stromverbrauch (Klimaanlagen, Kühlschränke) kann in der Regel nicht aus eigener Kraft gedeckt werden, und so müssen teure Kapazitäten hinzugekauft werden. Die Kosten dafür können aber nicht zeitnah auf den Verbraucher abgewälzt werden, sondern werden vorerst von den Energiekonzernen getragen. Hier würde eine Absicherung über Wetterderivate gegen zu hohe Temperaturen eine Abfederung der finanziellen Einbußen bewirken. (12)

Wie ein Wetter-Terminkontrakt zu Stande kommt

Ein Terminkontrakt wird dabei zunächst zwischen einem Käufer (derjenige, der sich absichern möchte) und einem Verkäufer (meist eine Bank oder Versicherung) geschlossen. Im Vergleich zu üblichen Termingeschäften, die sich auf Preise, Währungen oder Indexstände beziehen, beziehen sich Wetterderivate auf Niederschlagsmengen, Regentage, Sonnenstunden, Lufttemperaturen oder die Windgeschwindigkeit. (12) Tritt das vorher bestimmte Ereignis, z.B. das Unterschreiten einer Mindest- oder das Überschreiten einer Höchsttemperatur, ein, dann zahlt der Verkäufer einen vorher festgelegten

Geldbetrag. Tritt das Ereignis nicht ein, so kann der Verkäufer der Kaufpreis des Derivates für sich als Prämie verbuchen. Beide Vertragspartner haben also eine unterschiedliche Erwartung über die Entwicklung des Wetters.

Das Vorgehen bei der Vereinbarung über ein Wetter-Terminkontrakt erfolgt dabei in zwei Schritten: Erst wird das abzusichernde Risiko genau definiert; das umfasst Ort, Zeitraum und die Messgröße anhand derer bestimmt werden kann, ob gezahlt werden muss, also Temperatur, Luftfeuchtigkeit, Windgeschwindigkeit, Niederschlagsmenge, etc. Im Zweiten Schritt wird eine Wetterstation ausgewählt, deren Messung als Referenz von beiden Seiten akzeptiert wird. (1)

Die Vorlaufzeit bis zu einer Vereinbarung darf indes nicht unterschätzt werden, oft sind 4-6 Wochen die Regel. Es müssen Wetterdaten aus der Vergangenheit beschafft und aufbereitet werden. Darüber hinaus muss noch ein gewisser Abstand zum Absicherungszeitraum bestehen. Für eine kurzfristige Absicherung sind Derivate deshalb prinzipiell ungeeignet. (7)

Unterschied zwischen Wetterderivaten und

Wetterversicherungen

Der Hauptunterschied zwischen speziellen Versicherungen, die vor Schäden auf Grund von Wettereinflüssen schützen, und Wetterderivaten ist die Leistung bei Eintritt des vorher bestimmten Ereignissen. Während eine Versicherung immer "nur" den entstandenen Schaden ersetzt, zahlt das Wetterderivat unabhängig von Schadeneintritt und -höhe den vorher vereinbarten Betrag.
Dieser Sachverhalt widerspricht dem Grundgedanken der Versicherung, genauer dem Bereicherungsverbot, das bei Versicherungen grundsätzlich gilt (der Versicherungsnehmer bekommt nie mehr als seinen entstandenen Schaden ersetzt). Nicht zuletzt deshalb erfahren Wetterderivate als Finanzinstrumente bilanztechnisch eine steuerlich andere Behandlung als Versicherungen. (13) Dies ist vor allem in der Diskussion um "Fair-Value"-Bewertungen für Finanzinstrumente von Bedeutung. Hieraus könnte sich ein entscheidender Wettbewerbsvorteil für das Derivat entwickeln. (4)
Aus Kostensicht kann man grundsätzlich sagen, dass Wetter-Versicherungen dann günstig sind, wenn es um wenige Tage handelt, für die eine Deckung gewünscht wird (beispielsweise eine Veranstaltung im Freien). Je länger der Zeitraum, desto interessanter und günstiger ist die Absicherung über Derivate. (8)
Die Vorteilhaftigkeit von Wetterderivaten gegenüber

zeitraumbezogenen Deckungen durch eine entsprechende Versicherung, wird jedoch von Versicherungsseite bestritten. (4)

Die Bank gewinnt immer

Für die emittierenden Institute ist das Geschäft mit dem Wetter in jedem Fall ein Gewinn. Sie geben einerseits Derivate aus, die Einnahmenausfälle wegen Regen absichern, und andererseits solche, die vor zu hoher Hitze schützen. Obwohl jedes Derivat auf die individuellen Bedürfnisse des Käufers zugeschnitten wird, entsteht doch auf diese Weise für den Anbieter ein Risikoausgleich in der Menge. (12)

Fallbeispiele

1) Wetterderivate für europäische Städte
Die CME gab am 22. September bekannt, dass sie künftig Wetterderivate auf fünf europäische Metropolen anbieten wird: Amsterdam, Berlin, London, Paris und Stockholm. (6)
An der Londoner Liffe werden derzeit einige

temperaturbezogene Futures gehandelt (darunter auch ein Kontrakt auf das Wetter in Berlin). Die Deutsche Börse beschränkt sich dagegen auf die Veröffentlichung von Wetterindizes. Der Handel ist bislang nicht möglich. (5)

2) Vattenfall
Vor dem Hintergrund der Diskussion um die vermeintliche Absicherung von Ernteausfällen über Wetterderivate diskutiert die Tochtergesellschaft HEW des Energieversorgers Vattenfall mit dem Bundesverband Mecklenburg-Vorpommern über ein entsprechendes Projekt. (7)

3) Einsatz von Wetterderivaten in der Branche Energieversorgung
Am Beispiel eines Energieversorgungsunternehmens, das aus freiwerdenden Gasen eines Stahlhüttenwerkes Energie gewinnt, wird durchgerechnet, welche Vorteile sich durch den Einsatz von Wetterderivaten ergeben. (10)

4) Mit Wetterderivaten am Erfolg der Konkurrenz verdienen
Dass sich ein Skigebiet-Betreiber gegen zu wenig Schneefall absichern will, ist naheliegend. Mit Hilfe von Wetterderivaten ist es allerdings auch problemlos möglich, sich gegen günstigen Schneefall in Konkurrenzgebieten abzusichern! (3)

Weiterführende Literatur

(1) Bei zu viel Sonne zahlt die Bank, Süddeutsche Zeitung, 09.08.2003, Ausgabe Deutschland, S. 40
aus Sparkasse, September 2003, Nr. 09, S. 423

(2) Cash bei Katastrophe Klimawandel / Spezielle Wertpapiere sichern die Folgen von Wetterkapriolen ab.
aus Capital vom 21.08.2003, Seite 29

(3) Die Wahrscheinlichkeit der Schneehöhe berechnen, Süddeutsche Zeitung, 02.09.2003, Ausgabe Deutschland, S. 28
aus Capital vom 21.08.2003, Seite 29

(4) Der Versicherung wurde die Stochastik in die Wiege gelegt
aus Versicherungswirtschaft, 15.8.2003, 58.Jg., Nr. 16, S. 1236

(5) Hitze bringt manchen Broker doppelt ins Schwitzen Mit Wetterderivaten werden unternehmerische Risiken von Temperaturen und Niederschlägen handelbar gemacht
aus Frankfurter Rundschau v. 07.08.2003, S.18

(6) Zins-Futures: Schwacher Dollar verhilft Kontrakten in Europa zu Kursgewinnen Angebot an Aktienfutures wächst stetig
aus Finanz und Wirtschaft, Seite 11

(7) Mit Wetterderivaten gegen den Wüstensommer
aus Frankfurter Allgemeine Zeitung, 14.08.2003, Nr. 187, S. 17

(8) Neumüller, H., Wetterderivate: Alternative zu Versicherungen kämpft in Europa noch mit Skepsis - Optionen auf Regen, Sturm und Hagel, Oberösterreichische Nachrichten, 06.08.03
aus Frankfurter Allgemeine Zeitung, 14.08.2003, Nr. 187, S. 17

(9) Ministerium bremst Erwartungen der Landwirte Finanzhilfen nur für Betriebe in Existenznot · Wetterderivate können Ernteschäden ausgleichen
aus 546 vom 08.08.2003, Seite 12

(10) Strompreisentwicklung: Risiko und Chance
aus Versicherungswirtschaft, 15.8.2003, 58.Jg., Nr. 16, S. 1240

(11) Des einen Freud, des anderen Leid
aus Die Welt, Jg. 58, 06.08.2003, Nr. 181, S. 17

(12) Unternehmen suchen Absicherung gegen Klima-Kapriolen - Kundenkreis reicht vom Bauern bis zum Windparkbetreiber Wüstensommer macht heiß auf Wetterderivate
aus Die Welt, Jg. 58, 06.08.2003, Nr. 181, S. 17

(13) Zydra, M., Wenn das Wetter die Umsätze dahinschmelzen lässt, Je nach Branche wirken sich Sonne, Regen, Hagel anders auf das Geschäft aus:

Derivate bieten Schutz, Süddeutsche Zeitung,
02.09.2003, Ausgabe Deutschland, S. 28
aus Die Welt, Jg. 58, 06.08.2003, Nr. 181, S. 17

Impressum

Gewinnen Wetterderivate nach dem Jahrhundertsommer an Bedeutung?

Bibliografische Information der deutschen Nationalbibliothek

Die Deutsche Nationalbibliothek verzeichnet diese Publikation in der deutschen Nationalbibliografie; detaillierte bibliografische Daten sind im Internet über http://dnb.d-nb.de abrufbar.

ISBN: 978-3-7379-0421-6

© 2015 GBI-Genios Deutsche Wirtschaftsdatenbank GmbH, Freischützstraße 96, 81927 München, www.genios.de

Alle Rechte vorbehalten. Dieses Werk ist einschließlich aller seiner Teile – z.B. Texte, Tabellen und Grafiken - urheberrechtlich geschützt. Jede Verwertung außerhalb der Grenzen des Urheberrechtsgesetzes bedarf der vorherigen Zustimmung des Verlags. Dies gilt insbesondere auch für auszugsweise Nachdrucke, fotomechanische

Vervielfältigungen (Fotokopie/Mikroskopie), Übersetzungen, Auswertungen durch Datenbanken oder ähnliche Einrichtungen und die Einspeicherung und Verarbeitung in elektronischen Systemen.